de Alana Serra

CIP-BRASIL. CATALOGAÇÃO NA PUBLICAÇÃO
SINDICATO NACIONAL DOS EDITORES DE LIVROS, RJ

S496e     Serra, Alana
            Escritos de Alana Serra / Alana Serra. – 1. ed. – Porto Alegre [RS] : AGE, 2024.
            136 p. ; 14x21 cm.

            ISBN 978-65-5863-260-3
            ISBN E-BOOK 978-65-5863-259-7

            1. Poesia brasileira. I. Título.

        24-87923           CDD: 869.1
                                CDU: 82-1(81)

Gabriela Faray Ferreira Lopes – Bibliotecária – CRB-7/6643

# Escritos
## de Alana Serra

PORTO ALEGRE, 2024

© Alana Serra, 2024

*Capa:*
Nathalia Real,
utlizando ilustração de Shutterstock/Liu zishan

*Diagramação:*
Nathalia Real
Júlia Seixas

*Supervisão editorial:*
Paulo Flávio Ledur

*Editoração eletrônica:*
Ledur Serviços Editoriais Ltda.

Reservados todos os direitos de publicação à
**LEDUR SERVIÇOS EDITORIAIS LTDA.**
editoraage@editoraage.com.br
Rua Valparaíso, 285 – Bairro Jardim Botânico
90690-300 – Porto Alegre, RS, Brasil
Fone: (51) 3223-9385 | Whats: (51) 99151-0311
vendas@editoraage.com.br
www.editoraage.com.br

Impresso no Brasil / Printed in Brazil

*Não sou boa com palavras.
Espero que você saiba ler sentimentos.*

# Sumário

Terra da liberdade   9

O lugar de suas aparições   13

A criança que nunca nasceu   15

Poeta   17

Suas imperfeições   19

Pequeno   21

Frágil?   23

Meros mortais   25

Suficiente   27

Essa é para você   29

Memórias borradas   31

Definhando   33

A pior parte da dor   35

Perspectiva   37

Autossabotagem   39

Gerações   41

Pessoas certas   43

Vivere   45

Esse alguém   47

"Vivo"   49

Lembrei de você   51

Tempo   53

Rosas e ervas daninhas   55

Amor infernal   57

Vermes   59

Voltando para casa   61

Sujeito a continuação   63

Fuja de mim   65

Promete que lembra de mim?   67

Feições   69

Podridão   71

Corrida   73

Luz   75

Melodia   77

O quão difícil é ser bom com as pessoas?   79

Quanto dinheiro jogado fora   81

Não era você que acreditava em mim?   83

Sem pretensão de voltar   85

Conspiração   87

Autodestrutivo   89

Clichê   91

Imortalizada   93

O sabiá de exílio   95

Que Deus me permita   97

Antes e durante   99

Por toda a eternidade   101

Jovem, burro e emocionado   103

Como ousa?   105

Dilema   107

Para os que desejam sentir alguma coisa   109

Entre rosas e espinhos   111

Por você   113

Fases   115

Burrice   117

Resguarde-se   119

Z   121

Memórias   122

Fé   123

Insônia   125

Aprenda   127

Oaristo   129

Talentos   131

Desacelerar   133

Hábitos   135

Entre mentes e corações   136

Difícil de entender   136

# Terra da liberdade

Somos frutos dos que partiram
O mundo em diversas partes,
E chamaram de algo seu
O que nunca lhes pertenceu.

Forçados a usar sua língua,
Vestir sua gramática,
Enquanto nos despiam de nossa cultura,
De nosso "eu".

Mas nenhum de seus filhos
Fugiu à luta,
Seus peitos e braços
Foram o escudo do Brasil.

E de um povo antes aprisionado,
E feito de escravo,
Nasceu a terra da liberdade,
O lar dos bravos.

*E assim nascia a liberdade.*

Que nossa braveza
Dure por milhares e milhares de anos,
Até que o pedregulho se torne
Uma grandiosa montanha.

E que os musgos para cobri-la façam seu melhor,
Onde dos mares do leste,
Às vastas florestas,
Se estendem nosso sangue e suor.

No mundo és única e sem igual,
Protegida e amada,
Nossa terra natal.

E então no escuro houve luz,
A mais brilhosa já vista em mais de mil,
E assim nascia a liberdade,
No horizonte do Brasil.

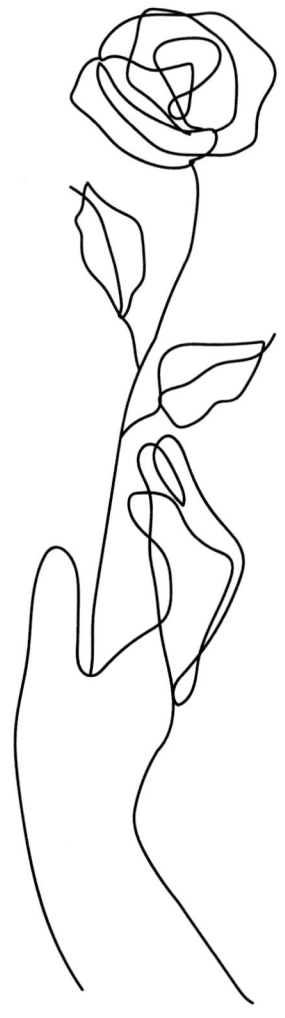

*E eu sou o lugar de suas aparições.*

# O lugar de suas aparições

Ela é a pessoa de que eu sempre sinto falta quando todos estão por perto.

Ela foi esculpida como uma deusa grega, e o mais agravante é que sua beleza é apenas sua terceira melhor qualidade, logo depois de sua inteligência espantosa e coração encantador.

As pessoas eram a chuva, eu, apenas um chuvisco, e ela era um furacão. Depois de uma tempestade, ouvir sua risada é como ver o céu se abrir.

Passei muito tempo resguardando meu coração, e o transformei em algo repulsivo, mas agora o entrego para ela.

Sem ela estar com ela, eu era só mais uma pessoa normal. Com ela, eu me sinto a pessoa mais sortuda do mundo.

Não só eu devesse olhar em teus olhos, como também deveria dizer-lhe o quanto eu estou apaixonado.

Mas a mulher que amei se transformou em um fantasma.

*E eu sou o lugar de suas aparições.*

*E quando você se foi, algo dentro de mim morreu.*

# A criança que nunca nasceu

Eu soube, desde a primeira vez, que corria o risco de te perder, mas, mesmo assim, cada pequeno momento nosso foi enorme.

Foi meu império de sujeira, minha coroa de cacos. Foi tão lindo, tão bonito e tão completo, mas foi. E não há algo que eu não faria para ter a chance de te ter de novo.

Cada grão de areia é um sorriso que poderíamos ter dado.

Cada estrela no céu é um pedaço que se partiu do meu coração, e você se foi com todos eles.

E eu te amei com todas essas partes.

Mas você é a minha criança que nunca nasceu.

*E quando você se foi, algo dentro de mim morreu.*

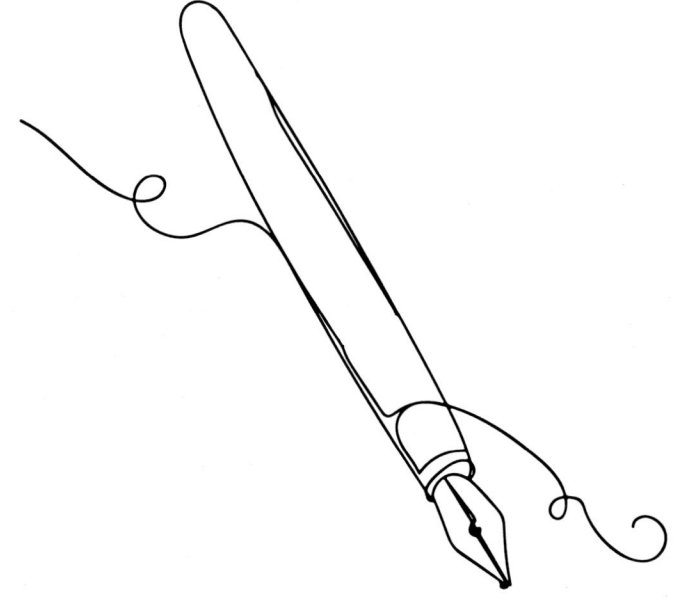

*Eu seria um poeta.*

# Poeta

Nós consideramos a liberdade um crime, do mesmo jeito que pássaros de gaiolas se sentem culpados em voar.

As palavras são erradicadas, pelo pecado de que, se usadas do jeito certo, são mais poderosas que qualquer espada.

Em uma sociedade obesa com mentes anoréxicas, uma farmácia em cada esquina não consegue curar essa população esquizofrênica.

Então me matem, mas eu não prestarei referências para reis que usam coroas repletas de vidas tomadas.

Em uma revolução, eu não escolheria ser um fugitivo, um monarca, um acadêmico ou um soldado. Eu seria bem pior que eles. Eu seria um *poeta*.

*E eu te mostrarei que ele não é nada comparado ao meu amor.*

# Suas imperfeições

Me conte todos os seus defeitos e deixe-me te amar mesmo assim.

Me fale sobre toda sua escuridão, e eu ainda te olharei como se você fosse o sol.

Se eu ganhasse uma estrela para cada vez que eu sonhasse com você estando acordado, o meu céu seria o mais estrelado. E a cada dia que passa eu te amo mais, mas hoje já parece amanhã.

Eu sempre escolheria a sua nebulosa tempestade ao dia radiante de qualquer um. Você é para mim o que a lua é para os poetas.

Eu te peço para que me deixes morrer primeiro, senão eu morrerei duas vezes.

Mas quando a morte me abraçar, eu te abraçarei mais forte e prometerei te encontrar em todas as vidas depois desta.

*Então, mostre-me todo o seu rancor,*
*E eu te mostrarei que ele não é nada comparado ao meu amor.*

Então eu apenas rezo para que não me matem pelo pecado de ser pequeno.

# Pequeno

Eu sonho tão grande que deixo as pessoas desconfortáveis.

Eu sou um deus ancião e imponente, esquecido por muitos e só discutido por pouquíssimos acadêmicos. Então, se eu não acreditar em mim, ninguém mais vai.

Eu me sinto pequeno, mas até as estrelas são, de certa distância.

Eu sou uma lagarta, pronta para virar uma borboleta, mas em um covil de cobras.

*Eu vivo em um mundo de gigantes,*
*Então eu apenas rezo para que não me matem pelo pecado de ser pequeno.*

# Frágil?

Talvez ela fosse como vidro. Mas vidro só é inofensivo até quebrar.

Ela beijou o fogo e dançou com as cinzas de todas as fogueiras que a queimaram, então acredite quando eu digo que ela não tem medo do seu "calor".

Ela viveu um inferno, então tema quando ela encarar o fogo e sorrir.

Ela não é frágil como uma flor. Ela é frágil como uma bomba.

E ela é tudo que você não pode controlar.

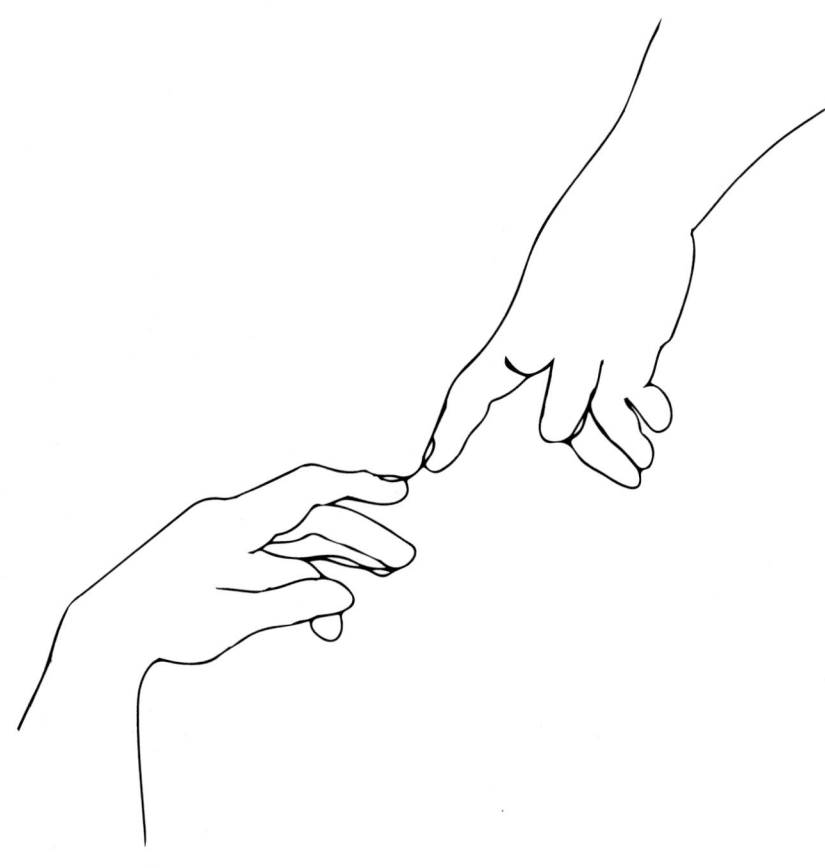

"Essa é minha única chance".

# Meros mortais

A inveja dos imortais é

Que cada momento nosso pode ser o último,

Que tudo tem mais beleza quando exclusivo,

Que a música soa melhor quando ouvida em vezes limitadas,

Que a sensação de mastigar é melhor quando a comida pode nunca mais ser provada,

Que a vista é mais bonita se nunca mais apreciada,

Que o amor só tem graça na primeira vez,

Eles invejam nossa única vida,

Porque a vida só é aproveitada na nuance de *"Essa é minha* única *chance".*

Ser imortal deve ser tediante,

Serei imortal só até que me provem o contrário.

*Sempre fui um anjo e nunca fui um deus.*

# Suficiente

Eu sempre tive uma necessidade de ser algo além de humano.

Sempre agradei aos outros olhos, mas nunca fui o suficiente para mim mesma.

Nunca fui uma estrela moderadamente radiante. Sempre fui uma estrela feita de tragédia, que sangra ouro e só brilha nos maiores breus.

*Sempre fui um anjo e nunca fui um deus.*

*Mas até hoje ninguém conseguiu codificar a perfeição.*

# Essa é para você

Eu quero te desejar boa noite, beijar sua testa e te dizer que eu te amo mesmo nos seus piores momentos.

Eu te quero como minha musa, escrever sobre você no meio da noite, te sussurrar todos os meus segredos, te sentir em meus ossos.

Eu quero contar todas as suas cicatrizes e me desculpar por cada vez que você precisou e eu não estava lá.

Eu quero saber em quantos pedaços te quebraram para amar cada versão sua.

Eu quero queimar todas as almas se o fogo um dia olhar para você.

Eu quero andar nas flores que nascem em mim cada vez que eu penso em ti, mas meu jardim é grande demais.

Eu quero explicar seus olhos, o som da sua voz e o seu sorriso.

Eu quero escrever o quanto você é *fantástica*.

*Mas até hoje ninguém conseguiu codificar a perfeição.*

Então minhas lágrimas fizeram o favor de borrar essa memória.

# Memórias borradas

Eu não queria te deixar ir, mas não podia me perder para você ficar.

Eu não podia mais apostar se a sua volta era para uma reconciliação ou para terminar de retirar o ar dos meus pulmões.

Eu não podia passar o resto da vida me traduzindo para alguém que não falava minha língua.

Eu não podia continuar achando uma tempestade onde eu deveria achar um dia ensolarado.

O frio na barriga deveria ser de êxtase, não de medo.

E mesmo assim,
Meus olhos se recusaram a ver você partir.

*Então minhas lágrimas fizeram o favor de borrar essa memória.*

# Definhando

Eu tinha medo do fracasso,

Mas não tinha desejo de ser produtivo.

Eu queria amigos,

Mas eu não suportava nem a minha própria presença.

Eu só queria ficar sozinho,

Mas eu não gostava de ser solitário.

Eu me importava com tudo,

E depois não me importava com nada.

Eu sentia tudo, eu sentia demais,

Até não sentir nada mais.

Eu queria chorar e gritar,

Mas eu só conseguia desmoronar.

Meu corpo lutava para sobreviver,

*Mas minha mente queria morrer.*

*A pior parte da dor é senti-la.*

# A pior parte da dor

Eu precisava de alguém, de um colo pra chorar.

Eu tentei procurar respostas nos céus, mas eles não responderam.

Eu queria desaparecer. Mas, na realidade, eu só queria que alguém me encontrasse.

Eu queria saber quais dos pedaços que se partiram do meu coração eu deveria seguir.

Eu queria que todos os meus cortes se fechassem, para eu plantar flores ao redor das cicatrizes.

Mas algumas pessoas simplesmente nascem com tragédia no sangue.

*A pior parte da dor é senti-la.*

*Nada disso importa.*

# Perspectiva

Há dois estranhos sentados em um banco.

Um parecia triste, tinha os olhos fundos e os ombros caídos. Sua dor era a única coisa que o mantinha respirando, e sem a tristeza, ele não tinha mais nada. Parecia um oco sem vida, parecia um vazio inexistente, parecia *comigo*.

O outro tinha um sorriso largo e brilhante, que iluminava todo o seu rosto. Cada pequena coisa ao seu redor o encantava, como se estivesse vendo tudo pela primeira vez, e seus olhos transmitiam paz e contentamento, como se tudo estivesse certo no mundo.

Mas ambos tinham a mesma reflexão sobre suas vidas: *Nada disso importa.*

*Espero que até lá o arrependimento de ser eu tenha se esvaído.*

# Autossabotagem

Eu passei a minha vida inteira lutando para ser algo que eu não era.

Sempre me senti como se eu estivesse correndo para pegar um trem, mas eu nunca o alcançasse.

Me pergunto se um dia serei capaz de fugir da prisão que são as expectativas que eu projeto sobre mim mesma.

Eu devo me perdoar por tudo que eu me tornei ou por tudo que eu não sou?

Quando eu morrer, espero virar uma parte do céu. Assim, quando chover, eu poderei estar em todos os lugares em que eu não estive, e sentir todas as pessoas que eu gostaria de ter sido.

*Espero que até lá o arrependimento de ser eu tenha se esvaído.*

*...eu sou resultado de décadas de histórias de amor mal contadas.*

# Gerações

Eu sempre odiei meu nariz.
E foi esse traço rebelde de personalidade que chamou atenção do jovem loiro na mocinha de cabelos cacheados.
Eu sempre amei minhas pintinhas.
E esses eram os lugares que a moça adorava beijar no seu namorado sardento, já que a lembravam das estrelas.
Eu sempre desejei que meu cabelo loiro fosse mais claro.
E foi justamente esse tom único de dourado que fez ele se apaixonar quando a luz bateu na mulher que pegava o trem, quando ela parecia brilhar mais que o próprio sol.
Eu sempre achei que as sobrancelhas grossas destoavam com a pele muito clara.
E foram esses os detalhes tão raros em seus mundos que os fizeram se apaixonar.
No final,
*Todas as coisas em mim eram as partes de outras pessoas que outros alguéns mais amaram, e eu sou resultado de décadas de histórias de amor mal contadas.*

...e algum dia o tempo
nos colocará juntos
novamente.

# Pessoas certas

Seria perfeito

Se nós tivéssemos nos encontrado

Um ou dois anos atrás,

Daqui a oito meses,

Antes de eu sair desse lugar,

Antes de você se casar,

Seria perfeito,

Se você não tivesse medo de intensidade

Ou eu não sentisse tudo tão de verdade.

Mas na realidade,

Não existem pessoas certas no tempo errado

Porque as pessoas certas não ligam pro tempo.

*Talvez apenas tenhamos nos encontrado sempre na hora errada, e algum dia o tempo nos colocará juntos novamente.*

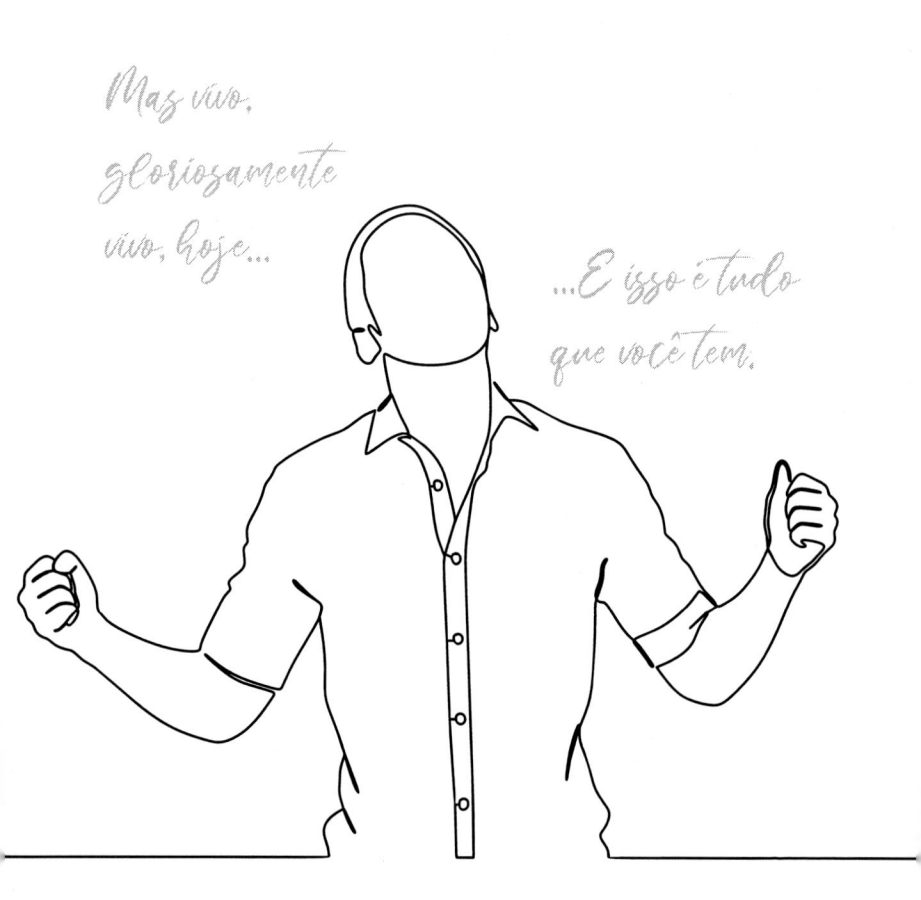

Mas vivo, gloriosamente vivo, hoje...

...E isso é tudo que você tem.

# Viver

Você ainda está aqui.

E isso significa que você vai amar e ser amado

Quebrar e ser quebrado

Adorar e ser adorado

Temer e ser temido

Sinta o ar nos pulmões, o sol nas bochechas. Essas coisas são o suficiente, e o suficiente é tudo que importa.

A dor significa que você está vivo,

As cicatrizes indicam que você sobreviveu

Quase morto ontem e talvez morto amanhã.

Mas vivo, *gloriosamente vivo*, hoje.

*E isso é tudo que você tem.*

Você merece alguém que teme te perder.

# Esse alguém

Espero que você encontre a pessoa que seu nome encaixe na boca, como se ela tivesse nascido para falá-lo.

Espero que você encontre a pessoa que prefira a sua direção errada ao caminho certo de qualquer um.

Espero que você encontre alguém que fale de você como se tivesse tido a sorte de descobrir uma nova galáxia.

Espero que você encontre alguém que te procure nas montanhas mais altas, nos vales mais baixos, nos oceanos mais profundos e nos infernos mais quentes.

Espero que você encontre a pessoa que em meio ao céu estrelado olhe para você

*Você merece alguém que teme te perder.*

*Eu não sentia nada.
E ainda tinha todo o
crédito de estar vivo.*

# Vivo

A água despejava.

A luz piscava,

O mundo se corrompia,

Mas nada disso me abalava,

Eu apenas contava as horas e desejava que o tempo passasse mais rápido,

Não porque alguma coisa iria acontecer,

Mas porque elas iriam parar,

O dia ia acabar,

E isso era só o que eu desejava.

Eu queria dormir para ir a um lugar onde tudo estivesse dando certo,

Mas eu continuo acordando.

*Eu não sentia nada,*

*E ainda tinha todo o crédito de estar vivo.*

*...e todas as músicas de amor eram sobre ti.*

# Lembrei de você

Depois que te conheci,

Seus olhos refletiam nos pontos mais altos do céu e nos mais profundos dos mares,

Seu sorriso estava escrito em cada raio de sol da manhã e nas primeiras estrelas dos finais de tarde,

As montanhas tinham as mesmas curvas que sua boca e marcas das folhas os mesmos formatos de suas veias (acho que te invejam)

O mundo foi uma criação magnífica, e eu tenho certeza de que a musa do criador foi você.

De repente,

*Você refletia em todas as coisas bonitas, e todas as músicas de amor eram sobre ti.*

*E, no final...*

*...nós todos viramos apenas histórias*

# Tempo

O tempo é relativo.

Nos ponteiros do relógio, desfilam as emoções da vida.

Se preocupou demais em contar as horas, que nem percebeu que o dia tinha virado.

E de repente, o tempo tinha acabado.

E agora a única coisa que importava era o arrependimento de ter olhado o relógio.

O tempo é como um sopro suave que acaricia nossas memórias,

*E, no final, nós todos viramos apenas histórias.*

Neste mundo existem dois
tipos de pessoas:
As rosas
e as ervas daninhas.

# Rosas e ervas daninhas

Algumas pessoas são poemas meticulosamente pensados e maravilhosamente compostos.
Algumas pessoas são sinfonias bem traçadas e eufóricas.
Algumas pessoas são histórias coerentes e tocantes.
Algumas pessoas são dias bonitos de verão.
Algumas pessoas são pensamentos sombrios e não escritos.
Algumas pessoas são longas melodias devastadas e esquecidas.
Algumas pessoas são histórias não acabadas e desconexas.
Algumas pessoas são o mar em meio a uma tempestade.
Algumas pessoas funcionam com poda constante, planejamento e cronogramas.
Algumas pessoas crescem desesperadamente para todos os lados e só se saem bem a partir de picos problemáticos de energia.
Neste mundo existem dois tipos de pessoas:
*As rosas*
*e as ervas daninhas.*

*Eu posso até ser o diabo,*
*Mas eu te amo igual eu amo o inferno.*

# Amor infernal

Existem tipos de amores.

Amores pelos quais você mataria,

Amores pelos quais você morreria,

Mas você...

Você é o tipo de amor pelo qual que eu viveria.

*Eu posso até ser o diabo,*

*Mas eu te amo igual eu amo o inferno.*

*O poeta, da podridão.*

# Vermes

As atrocidades da vida não são gentis.

Na mais alta solidão nenhum eco de dúvida disso me alcançou.

Os escombros da minha própria escuridão me queimaram viva.

Mas algumas vezes você tem que ser o seu próprio herói.

Então eu transformei meus vermes em coisas bonitas.

As palavras vêm da carnificação,

*O poeta, da podridão.*

...empacotei cada
pedaço meu,
E fui embora para
não me perder.

# Voltando para casa

Não queria pensar em um mundo onde eu não fosse mais parte da sua vida.

Me assustava demais deixar de ser sua e ser só minha.

Queria continuar sendo sua rosa de primavera, mesmo você não reconhecendo meus destroços no inverno.

Você foi a cena bonita de que eu tirei foto e tatuei no peito esquerdo, que me dividiu em antes e depois.

E olha que eu nem sei se realmente te amava;

Só sei que eu não lembrava o que era viver sem você.

Mas agora eu empacotei cada pedaço meu,

*E fui embora para não **me** perder.*

Você precisa parar
de tentar acabar com tudo...
Por favor.

# Sujeito a continuação

Ainda há muitos beijos para serem dados,

Muitas noites para passar acordado,

Muitos lugares visitar,

Muitas fotos para tirar,

Muitos riscos para correr,

Muitos livros para ler,

Muita poesia para escrever,

Você precisa parar de tentar acabar com tudo e acreditar nisso,

*Por favor.*

Você é preciosa
demais para
acabar comigo.

# Fuja de mim

Eu sei que não te mereço, mas eu te quero tanto que isso deveria mudar alguma coisa.

Quem eu fui para você e quem eu deveria ter sido foram duas coisas bem diferentes.

Você é um arco-íris, mas eu fui daltônico.

Você tem galáxias nos olhos, mas eu sou um buraco negro, e tudo que eu toco sempre morre.

Seria egoísmo te consumir por inteira.

Por isso eu te digo para fugir. Fuja, e não olhe para trás. Fuja de mim.

*Você é preciosa demais para acabar comigo.*

*Se eu desaparecesse, você procuraria por mim?*

# Promete que se lembrará de mim?

Se eu ficasse muda, você lembraria da minha voz?

Se eu me quebrasse, você recolheria meus cacos?

Se eu me esquecesse, você me contaria nossas memórias?

Se eu perguntasse, você saberia a cor dos meus olhos?

Se eu me fosse, você se lembraria de nós?

Se eu morresse, você me mataria dentro de ti?

*Se eu desaparecesse, você procuraria por mim?*

*E foi o pior insulto que eu poderia ter ouvido.*

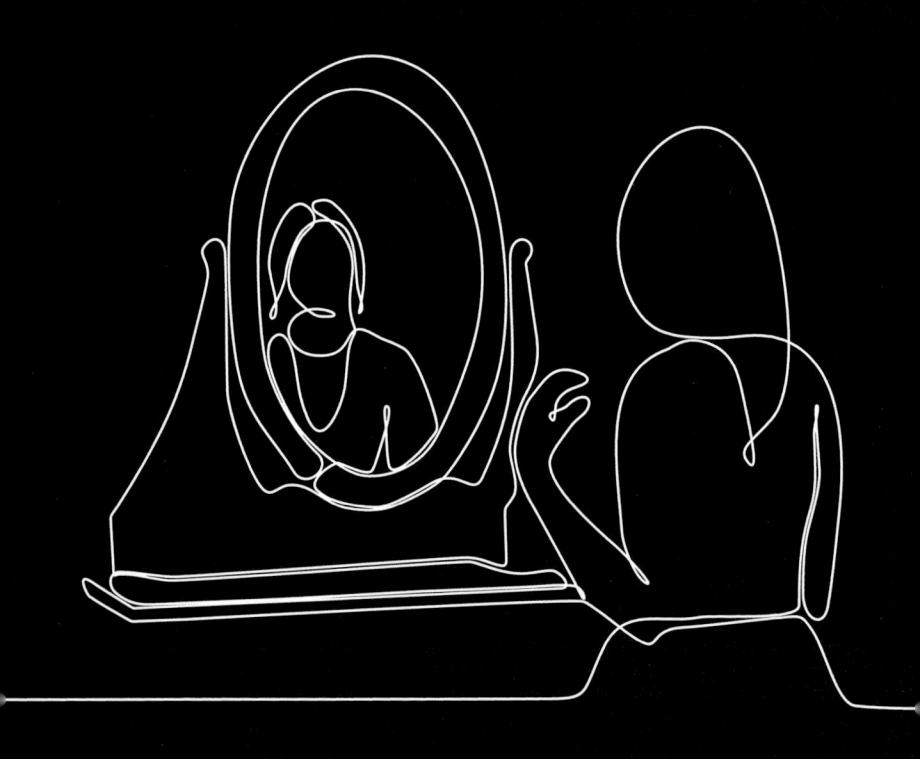

# Feições

Ela olhou meu sorriso de canto.

As sobrancelhas grossas.

O dedo do pé meio deformado.

A pintinha em cima da boca.

Os cílios volumosos.

Os olhos castanhos.

E ela me disse que eu tinha os olhos *dele*

E então ela me contou como a cada dia eu parecia mais com meu pai.

*E foi o pior insulto que eu poderia ter ouvido.*

*Você é mais bonito de longe.*

# Podridão

Descobri que eu te amava quando todos os pedaços que restaram de mim ainda clamavam por você.

Sempre falei de você como se você tivesse colocado as estrelas no céu.

Arranquei toda sua roupa e ainda não te vi de verdade,

E a parte que mais me machucou foi acreditar em algo que nunca existiu.

Eu gostaria de ter alguém para realmente ensinar-me a me livrar desse sentimento que só eu chamei de amor.

A beleza de algumas pessoas é tão grande que a podridão delas não importa.

Mas você?

*Você é mais bonito de longe.*

*Estou perdendo muito tempo.*

*Me dediquei demais.*

# Corrida

Eu estou perdendo tempo.
Preciso me dedicar mais.
Não podia cozinhar para minha mãe, isso tomava tempo demais, e eu queria que ela se orgulhasse de mim, então eu tinha que estudar.
Não dava pra assistir àquela estreia com os meus amigos, não tinha como sair no meio da semana com tanta coisa pra terminar.
Pensei em acabar aquele desenho e voltar a pintar, mas eu queria uma vida confortável em que eu realmente pudesse me dedicar, então isso teria que esperar eu me formar.
Já era tarde e eu precisava dormir, mas eu podia ficar mais uma hora acordada pra agilizar as aulas de amanhã, porque eu precisava de mais tempo, para fazer mais coisas.
Mas eu estava tão cansada de fazer tudo isso! Queria cozinhar pra minha mãe, assistir àquele lançamento e pintar.
Então eu me dei conta:
*Estou perdendo **muito** tempo.*
*Me dediquei **demais**.*

*...antes de ti, tudo era um penhasco sem fim.*

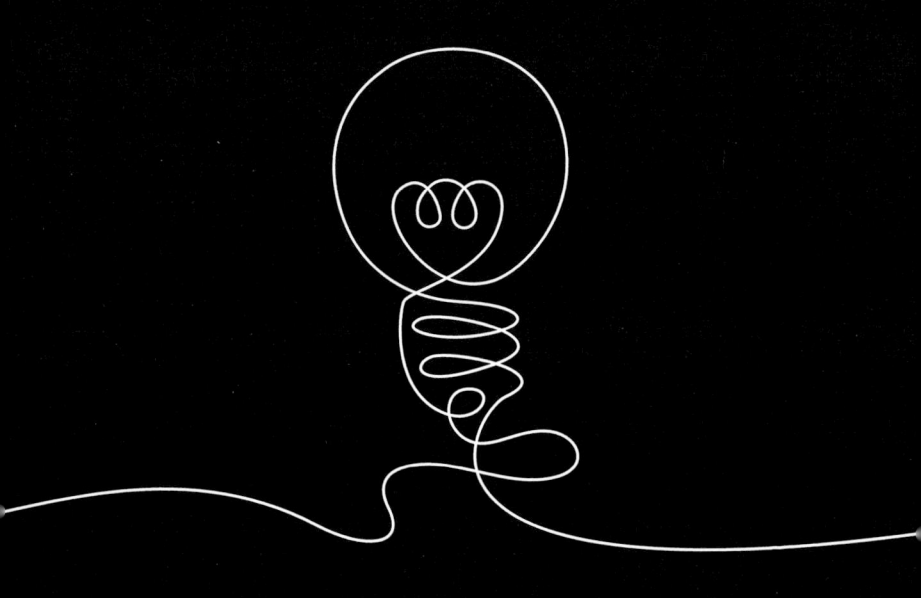

# Luz

Quando eu digo que você é a minha luz, eu não quero dizer a luz de meio dia.

Eu quero dizer a luz no final do túnel, quando tudo é escuro e faz tanto tempo que não se é iluminado, que à primeira vista faz os olhos arderem. Mas de repente tudo se acende e fica muito melhor que antes.

Eu não quero soar clichê. Eu só digo que você é a minha luz, porque, antes de ti, tudo era um penhasco sem fim.

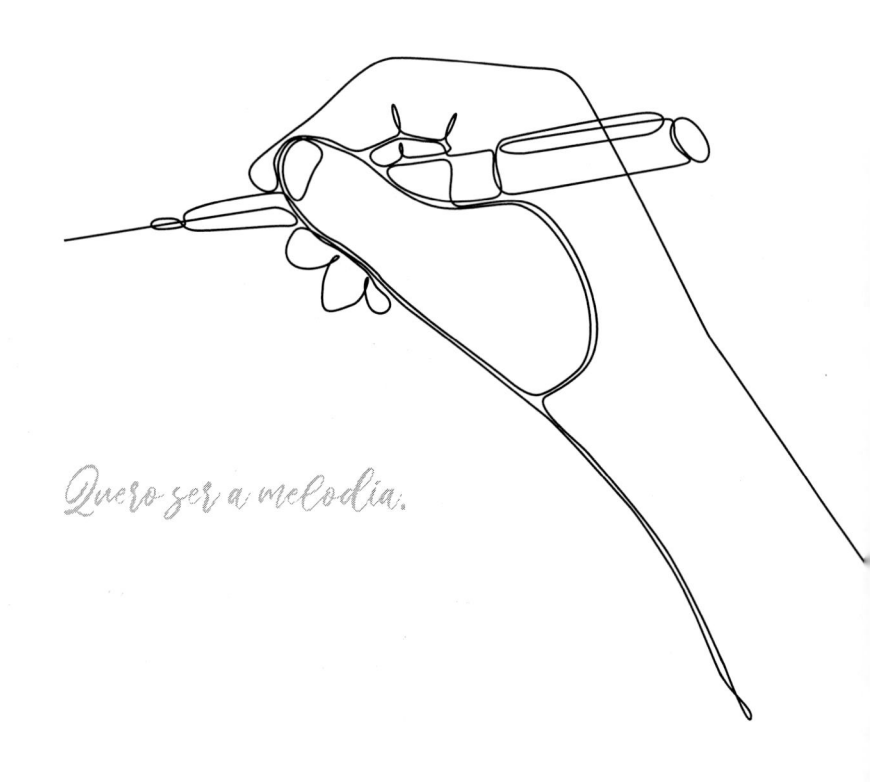

*Quero ser a melodia.*

# Melodia

Por uma vez na vida, eu queria ser admirada.

Por uma vez na vida, eu gostaria de ser lembrada.

Por uma vez na vida, eu não quero ser mais uma na multidão.

Por uma vez na vida, queria ser eu a causadora da palpitação no coração.

Por uma vez na vida, eu quero que enxerguem a beleza que eu vejo nos outros em mim.

Por uma única vez na minha vida,
Eu não quero ser o músico.

*Quero ser a melodia.*

*No fim, o massacre terminou, mas você sobreviveu sozinho.*

# O quão difícil é ser bom com as pessoas?

Ser bom com as pessoas é difícil quando tudo na sua vida te diz para fazer o contrário.

Você não quis ser cruel.

Mas isso não quer dizer que você foi gentil.

Me desculpe se você não foi amado e isso te fez *assim*.

*No fim, o massacre terminou, mas você sobreviveu sozinho.*

# Quanto dinheiro jogado fora!

Prezado estranho,

Você aceitaria dez milhões agora?

Mas ao aceitar, você joga o resto de sua vida fora

Não haverá amanhã, seu sono será imortalizado.

Dentro de seu próprio corpo você será congelado.

Aceita minha proposta reluzente?

Sua morte pelos 10 milhões é condizente?

Em caso de negação,

Acordar todo dia vale 10 milhões, então?

*De herói você virou vilão.*

# Não era você que acreditava em mim?

7 segundos antes você era meu herói.

E então você disse

"Não

É

Como

Se

Você

Fosse

Conseguir"

E meu mundo desabou.

7 segundos. Foi o suficiente para minha ideia sobre você mudar totalmente.

7 míseros segundos abriram um buraco nojento no meu coração.

*De herói você virou vilão.*

Escritos de Alana Serra

# Sem pretensão de voltar

O barulho dentro de mim era estrondoso e mortalmente silencioso.

Três vezes o ar lutou por seu trajeto e, como se não gostasse do que encontrou lá dentro, desesperadamente fugiu de dentro de mim.

Eu sentia as veias dos pulsos latejando, as articulações dos joelhos cedendo e conforme o exterior ficava cada vez mais alto, minha respiração aumentava o ritmo, buscando por mais ar enquanto eu me afogava nos meus próprios pensamentos.

Os mares retumbaram e os anjos, afogados em suas profundezas, pediram trégua quando eu abri os olhos.

Meu coração estava despedaçado.

Com um grito que rasgava a lucidez da calada noite com dentes de bestas colossais que fariam o inferno queimar escaldantemente, os céus tremerem e a fome de cem impérios famintos postos na frente do banquete de vênus cessar, eu anunciava:

Você havia partido.

*Acho que eu te amo porque o universo conspira a nosso favor.*

# Conspiração

Nunca me senti especial.

Mas no espaço de 4 milhões de anos,

Entre todas as praias, mares e morros do universo,

Eu dormi debaixo do mesmo céu que você,

Sonhei na mesma língua que a sua,

Li e ouvi as mesmas palavras,

Saí naquele mesmo dia,

Me banhei naquela mesma praia,

E te *conheci*.

Seria idiotice pensar que tudo isso foi coincidência.

E acreditar que você é um acaso na minha vida é bem mais difícil do que acreditar que tudo isso não foi planejado.

*Acho que eu te amo porque o universo conspira a nosso favor.*

88  Escritos de Alana Serra

# Autodestrutivo

Algumas pessoas tentam explicar a vida após a morte.

Outros tentam explicar a origem de tudo.

Poucos se entretêm com a vida alienígena.

Uns tentam formular os buracos-negros.

Os religiosos buscam por Deus em cada detalhe do mundo.

E quase todos os poetas tentam definir o amor, a solidão e o tempo.

Mas eu só tento entender como eu continuo viva se durante minha vida inteira o que eu quis com mais afinco foi *acabar* com ela.

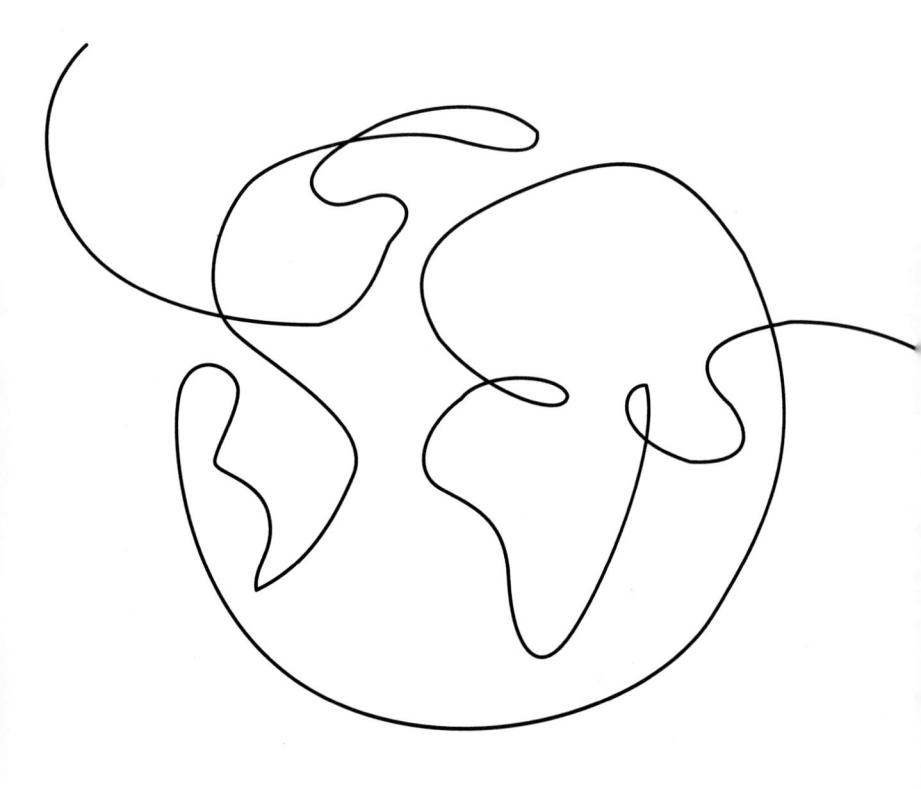

# Clichê

Disse-me:

"Eu quero te levar para os maiores confins do mundo e te amar muito longe daqui,

Desbravar novas terras e explorar todos os seus cantos,

Te carregar para os limites desse universo e te segurar para você não cair."

Mas eu não posso demorar muito:

Amanhã eu trabalho cedo,

E minha mãe não gosta que eu fique muito tempo fora.

Tudo bem?

*Eu quero ser imortalizada*

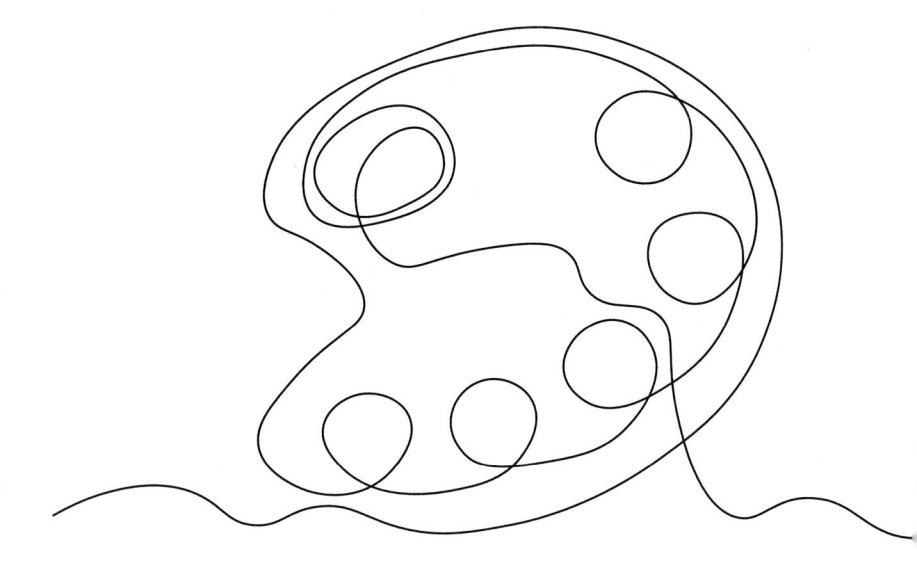

# Imortalizada

Eu quero ser

esculpida,

pintada,

escrita,

adorada.

Eu quero ser sua inspiração,

sua paixão,

sua centelha em combustão.

Eu quero que um artista se apaixone por mim,

Daquela maneira profunda e suavizada.

*Eu quero ser imortalizada*

# O sabiá de exílio

As aves que gorjeavam aqui,

Não gorjeavam lá.

Então eles nos invejaram

E escravizaram,

Até o *coitado* do sabiá.

(Intertextualidade de Gonçalves Dias)

# Que Deus me permita

Se um dia um anjo te chamar pelo nome,

Tocar seus cabelos,

Acariciar seu rosto,

Beijar o canto da sua boca,

Sussurrar o quanto você é perfeita ao pé do seu ouvido,

Te encaixar em um abraço morno,

E cantar as coisas mais belas até você cair no sono,

Não se preocupe.

Eu conto para os céus sobre você diariamente,

Rezando para que um dia permitam-me fazer tudo que eu tenho vontade contigo.

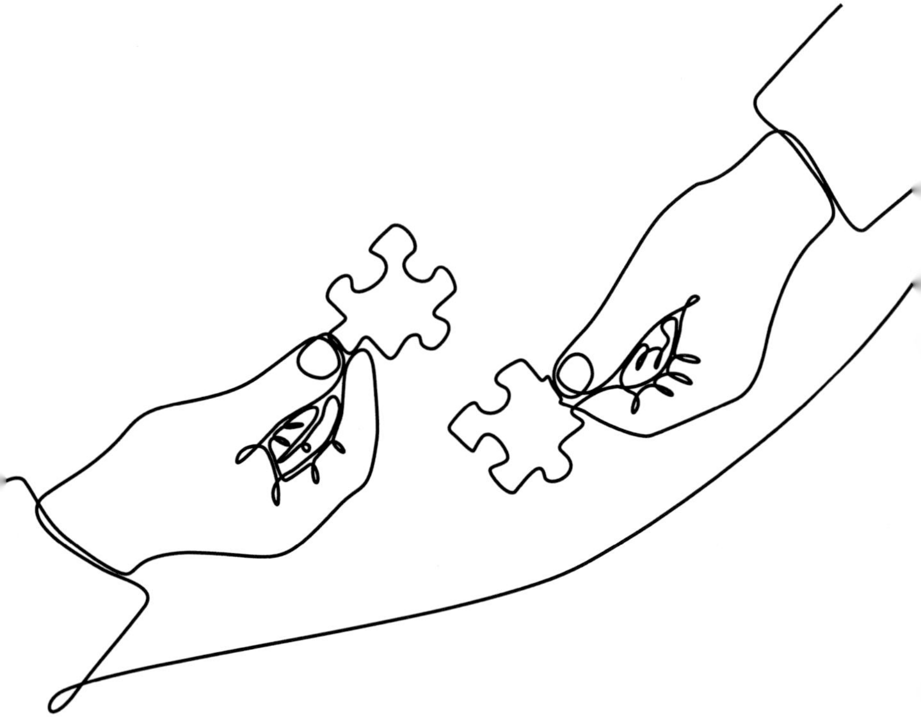

# Antes e durante

Conheci o *antes* de você.

Conheci o *durante* você.

Mas de alguma maneira

Me fixei tanto em ti,

E você grudou tanto em mim,

Que as suas partes quebradas completaram os meus cacos,

E juntos nós formamos algo muito maior do que éramos antes.

Acho que não consigo imaginar um *depois* de você.

*Por toda...*

*... a eternidade.*

# Por toda a eternidade

O amor não estava em nossas mãos,

Em nosso alcance ou em nosso destino;

Estava em nós.

Agora nós nos despedimos,

Com o seu coração cheio de memórias,

E meus olhos cheios de lágrimas.

Mas entre os prantos eu jurarei amor eterno,

Na esperança de que isso prenda sua alma à minha,

No âmago em que o universo seja apenas espectador do nosso amor cósmico,

No desejo de que em outra vida, outro mundo, muito além do espaço tempo,

Eu te encontre novamente,

*Por toda a eternidade.*

*Ah de ser jovem,
burro e emocionado!*

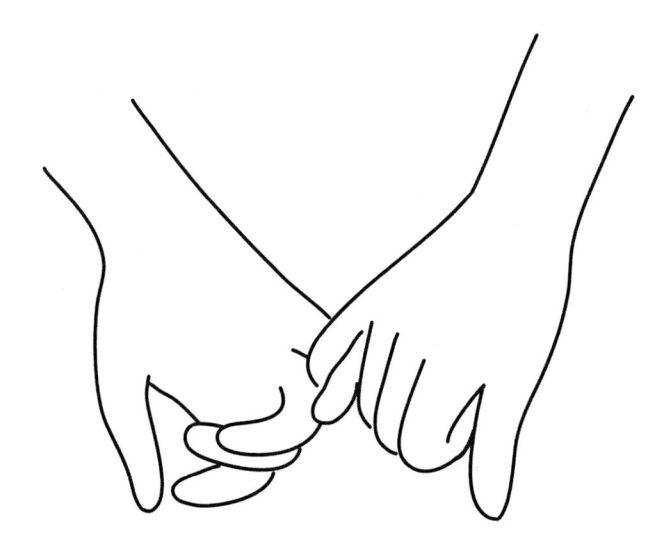

# Jovem, burro e emocionado

Sendo suficiente ou não,

Uma vida nesta terra é tudo que eu tenho.

E eu obviamente seria um tolo de não a viver da maneira mais bonita possível:

Como uma chama a arder,

Intenso, rápido e ousado.

*Ah de ser jovem, burro e emocionado!*

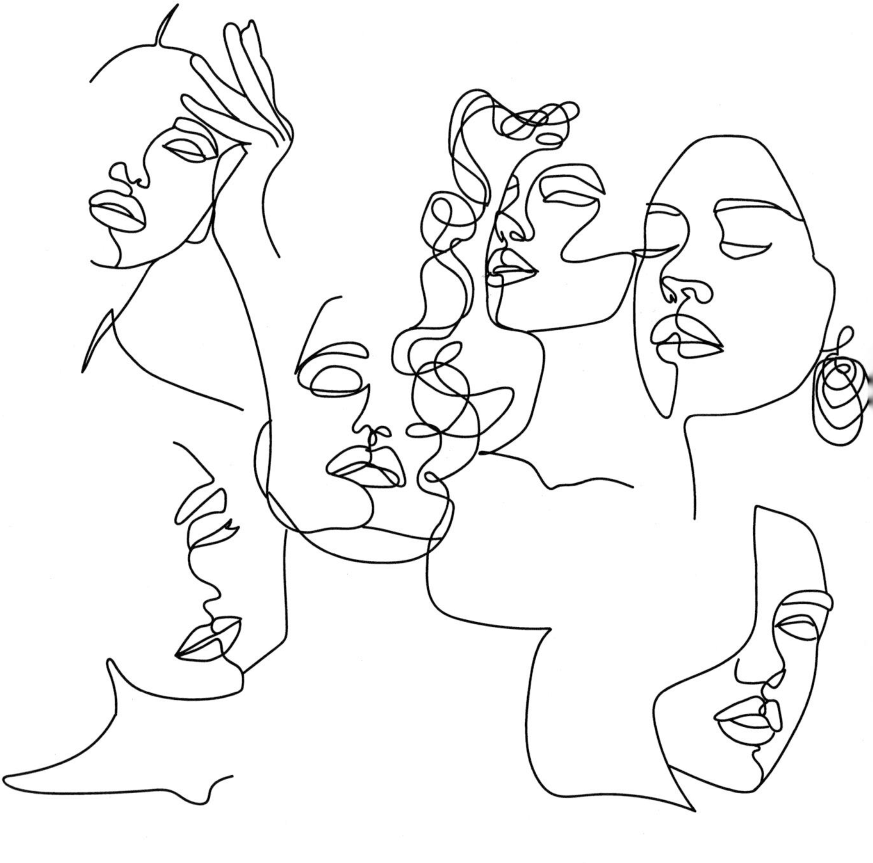

# Como ousa?

Você nunca presenciou seus olhos brilhantes no riso a fluir,

Nunca viu a luz divina em teu semblante ao falar do que te faz sorrir,

Nunca admirou o sol brincando com as sombras que te adornam,

Nunca percebeu a força de segurar lágrimas nos teus olhos que afloram,

Nunca notou os dedos em timidez quando o nervosismo te invade,

Nunca viu os teus gestos dançando ao som de uma melodia que te agrade,

Nunca testemunhou a paz que em teu rosto um conflito dissipa ao repousar,

Nunca escutou a voz estrelada, repleta de vida, que se põe a falar.

E ainda ousa chamar-se feia, querida?

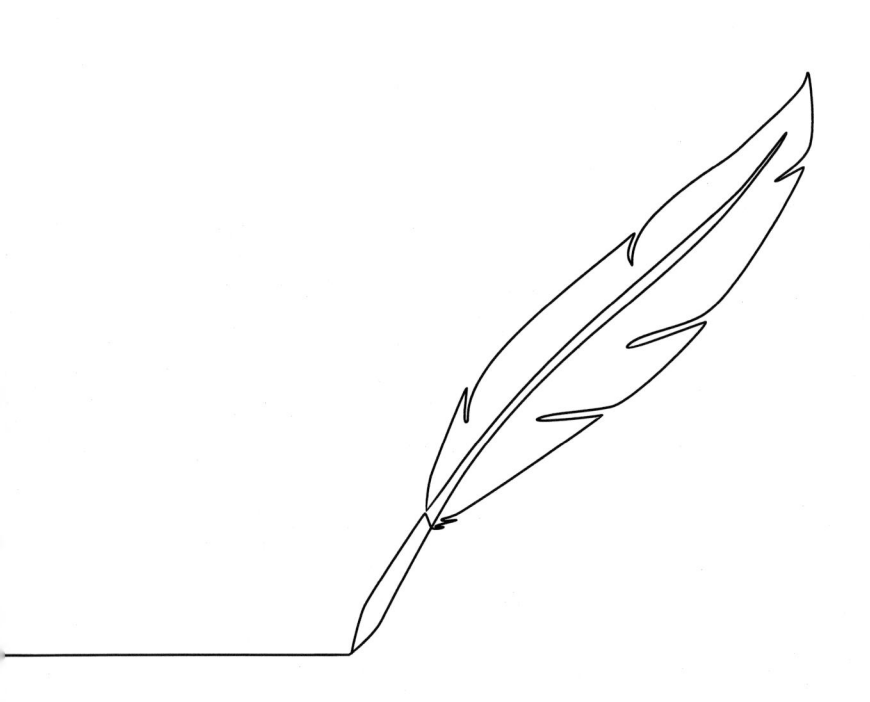

# Dilema

É minha bênção e minha maldição,
Sentir com tanta profundidade,
Em um mundo que ninguém sente de verdade.

É minha dádiva e uma praga,
Essa intensidade que me traga.

É meu dom e uma tormenta,
Versos que ecoam como uma sinfonia cinzenta.

É meu impedimento e motivo para ir adiante,
Buscar harmonia em cada instante.

É minha loucura e sensatez,
Escrever em cada estrofe minha nudez.

É um grito de paixão e sofrimento,
Jorrar sangue e tinta a cada momento.

É minha maior dor e dilema do universo,
Viver,
Morrer e
Mergulhar em cada verso.

Ser poeta é desvelar a dor;
Em cada palavra
Há tinta e amor.

*Eu só queria sentir alguma coisa, em mundo que para mim não tinha sentido nenhum.*

# Para os que desejam sentir alguma coisa

Maldita Solidão,

Você foi a faca que de enfiar dentro de mim e girar desesperadamente eu fiz questão.

Antes eu procurava te perder,

Agora eu preciso de você.

Sempre tive medo de pessoas vazias,

Mas monstros não são assustadores depois que você se torna um.

*Eu só queria sentir alguma coisa, em mundo que para mim não tinha sentido nenhum.*

*Acho que nessa história sou eu o vilão.*

# Entre rosas e espinhos

Uma rosa um dia me machucou,

Um de seus espinhos me espetou.

Aquela pequena rosa partiu meu coração.

Mas os espinhos das rosas servem como proteção.

*Acho que nessa história sou eu o vilão.*

*Mas eu implorei por você.*

# Por você

Não jejuo.

Não creio.

Não me ajoelho.

Não adoro saudações.

Não faço prestações.

Não temo o inferno.

Não amo a divindade.

Eu não rezo,

*Mas eu implorei por você.*

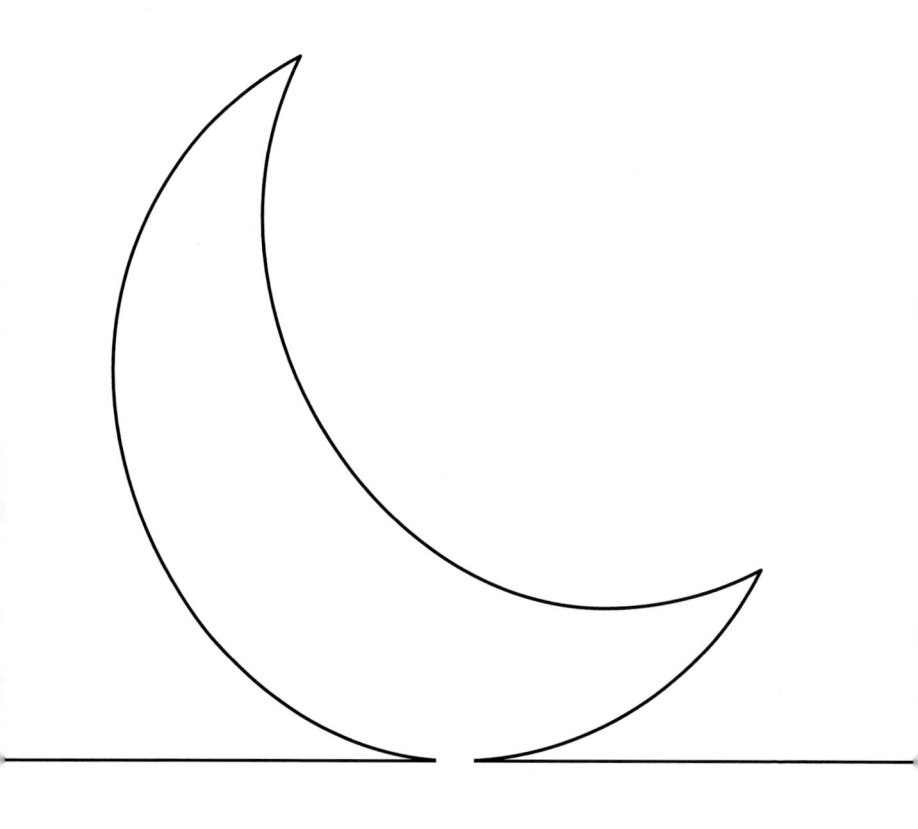

114  Escritos de Alana Serra

# Fases

Nós fomos como a lua.

Primeiramente,

Brilhante.

Em seguida,

Mal e parcamente existente.

E de repente,

Vazio.

Mas sempre

Lá.

*..para deixar de confundir*
*os seus grãos de atenção,*
*Com desertos de amor.*

# Burrice

Ter todas as faculdades do mundo,

Ler todas as ideias já publicadas,

Escrever milhares de teses

Não me dariam inteligência *para deixar de confundir os seus grãos de atenção*

*Com desertos de amor.*

# Resguarde-se

Se você não exibe sua nudez em praça pública, por que o faz com seu âmago?

Dita seus objetivos a qualquer um na esperança de se realizarem e completarem seu vazio?

Culpa sua infelicidade a Deus, aos outros, quando o autor de seus atos é você mesmo?

Pensa ser um protagonista, mas vive uma realidade cinza exibida como dourada?

A modéstia nunca foi sobre roupas.

*Comporte-se.*

# Z

Eu sou novo demais pra fazer uma parte das coisas que eu quero

E velho demais para a outra metade.

Me tratam como adulto, mas esperam que eu aja como uma criança.

Julguem a minha geração,

Mas não deixem quem a criou impune.

# Memórias

Não esqueça de mim e de todas as coisas que nós fizemos.

Por favor, me diga que eu não sou esquecível como o seu silêncio me faz sentir.

# Fé

Enquanto vocês rezavam por água,
Eu já carregava um guarda-chuva.

*Para mim, a realidade perfeita é só um lugar onde eu possa dormir em paz.*

# Insônia

O mundo perfeito para alguns é uma coisa inalcançável e esplêndida.

Não ligo para o desmatamento,

Efeito-estufa,

Taxa de natalidade,

E essas outras coisas por que pessoas exemplares se interessam.

*Para mim, a realidade perfeita é só um lugar onde eu possa dormir em paz.*

# Aprenda

Você não pode fazer alguém te amar.

Então aprenda a respirar

Sem essa maldita cabeça no seu peito.

# Oaristo

Nossas palavras não se completam, não se encaixam;

As minhas são fragmentos solares, brilho em retalhos;

As suas, pó de estrelas, luz em pedaços.

Sempre amei confissões tolas, risos que voam,

Beijos molhados, olhares apaixonados que entoam;

Em meu coração, suas palavras ecoam.

Sempre me encantei por diálogos profundos,

Sinfonia de almas, anos em segundos,

E em você, encontro ecos, versos fecundos.

No fim, nós não sentimos a água que nos envolvia,

Em nossa comunhão, nos banhávamos, fundíamos,

Como um oceano de palavras, em nosso pequeno oaristo, juntos nos perdíamos.

*Mas todas as pequenas coisas são enormes.*

# Talentos

Todos têm uma coisa especial que só eles sabem e que seria um desperdício deixar de fazer.

Às vezes é só saber fazer um bolo de banana,

Um arroz bem quentinho,

O sorriso mais bonito do mundo,

O melhor abraço do universo,

A melhor cheirada no cangote.

Nem todo talento é grandioso.

*Mas todas as pequenas coisas são enormes.*

# Desacelerar

Eu queria aprender a pintar, mas isso requer tempo demais.

Eu queria jogar aquele esporte, mas não vale a pena perder esse tempo por diversão.

Eu queria tanto aquela medalha de ouro.

Eu queria parar, tomar um café, ler um livro e respirar.

Mas eu preciso passar no vestibular.

E vale a pena largar a mão disso por um momento de prazer?

Eu poderia estar estudando, pintando, jogando, e eu vou descansar?

Acho que até hoje eu não aprendi a desacelerar.

*É assim que os maiores impérios vêm a surgir.*

# Hábitos

Chore o quanto for preciso, mas, depois de terminar, nunca mais chore por isso de novo.

Grite até os seus pulmões suplicarem por perdão, depois cale-se.

Tente até não aguentar mais, e se der errado, tente de novo.

Você tem permissão para

chorar,

gritar,

falhar.

Mas você não tem permissão para desistir.

*É assim que os maiores impérios vêm a surgir.*

# Entre mentes e corações

Se é verdade que existem tantas mentes quanto há cabeças,

Por que não existe amor em todos os corações?

# Difícil de entender

Eu escrevo coisas.

De vez em quando, eu finjo que as coisas bonitas existem em algum lugar.

Mas sempre eu tenho certeza de que as coisas cruéis existem em todos os cantos.

É uma experiência *esotérica*.